Julius Otto Opel

Mîn guoter Klôsenaere

Ein Erklärungsversuch

Julius Otto Opel

Mîn guoter Klôsenaere
Ein Erklärungsversuch

ISBN/EAN: 9783743610538

Hergestellt in Europa, USA, Kanada, Australien, Japan

Cover: Foto ©ninafisch / pixelio.de

Manufactured and distributed by brebook publishing software (www.brebook.com)

Julius Otto Opel

Mîn guoter Klôsenaere

Mîn guoter klôsenaere.

Ein erklärungsversuch

von

J. O. Opel,

ordentlichem lehrer an der lateinischen hauptschule des waisenhauses zu Halle a. s.

Halle,
verlag der buchhandlung des waisenhauses.
1860.

Mìn guoter klôsenaere.

Ein erklärungsversuch

von

J. O. Opel,

ordentlichem lehrer an der lateinischen hauptschule des waisenhauses zu Halle a. s.

Aus **Mützell's** zeitschrift für gymnasialwesen XIII. 11. besonders abgedruckt.

Halle,
verlag der buchhandlung des waisenhauses.
1860.

Mîn guoter klôsenaere.

Ein erklärungsversuch.

Walther von der Vogelweide erwähnt an vier stellen einen klausner (klôsenaere) — Lachmann, 2te ausgabe: p. 9, 37; 10, 33; 34, 33; 62, 10 — ohne sich weiter darüber zu erklären, welche persönlichkeit er darunter meine. L. Uhland: Walther von der Vogelweide p. 23. hat daher schon die ansicht ausgesprochen, dass in dem klausner überhaupt eine historische persönlichkeit gar nicht zu suchen sei, sondern dass er die vormalige strenge frömmigkeit im gegensatze zu der nunmehrigen ausartung des geistlichen standes bedeute; und K. Simrock und L. Wackernagel haben ihm in den erklärungen zur übersetzung (II. p. 137) hierin beigestimmt und den klausner in folge dessen zu einer lediglich allegorischen person gemacht. Allein schon Iac. Grimm in seiner recension der Lachmannschen ausgabe des Walther — Seebode, krit. bibl. für das schulwesen 1828, I. p. 46 — vermuthete in dem klausner eine wirkliche persönlichkeit und rieth auf einen zu Walthers zeit bekannten dichter, etwa Gualtherus von Mapes (ausgang des XII. iahrhunderts), der einen *plan-*

ctus super episcopis und eine *querela ad papam* geschrieben hat, oder auch auf Heinricus Septimellensis. „Man hätte diese und andere gleichzeitige lateinische gedichte einmal durchzulesen", räth dann Grimm zum schlusse der angeführten stelle. Daneben aber bemerkte er auch bereits dazu, dass Heinricus Septimellensis um 5 iahre zu alt sei, da er ia nicht auf den 1198. erwählten Innocenz anspielen könne, wenn seine gedichte schon 1192. oder 1193. verfasst wurden. Lachmann äussert sich in den anmerkungen über die persönlichkeit des klausners gar nicht, und wir wissen auch von anderer seite her nicht, ob er sich eine bestimmte historische persönlichkeit, und welche er sich etwa darunter gedacht hat.

Eine genaue und unbefangene betrachtung der fraglichen stellen, mit ausschluss von 62, 10. ergibt nun, dass die ansicht, als sei der klausner eine lediglich allegorische figur, welche die vormalige strenge frömmigkeit bedeute, von der hand zu weisen ist. Der schluss der strophe p. 9, 37.

> dâ weinte ein klôsenaere,
> er klagete gote sîniu leit,
> „owê der bâbest ist ze iunc, hilf, hèrre, dîner kristenheit."

zeigt doch deutlich, dass sich eine solche allegorische figur mit dem angegebenen gedankenkerne nicht über die iugend des papstes Innocenz beklagen könnte, der doch gerade bemüht war, die alte strenge, kirchliche zucht und sitte aufrecht zu halten oder widerherzustellen. Und deuten denn die bezeichnungen „min alter klôsenaere", — „min guoter klôsenaere" nicht hin auf ein ganz persönlich individuelles verhältniss des dichters zu der in frage stehenden persönlichkeit? So schliessen wir uns denn I. Grimm in beziehung auf die drei genannten stellen in so weit an, dass auch wir der ansicht sind, der dichter habe bei erwähnung des klausners eine ganz bestimmte historische persönlichkeit vor augen gehabt; nur können wir aus den stellen keinen grund ersehen, weshalb Grimm gerade einen geistlichen dichter in dem klausner sehen will, da auch überdies nichts bekannt ist, was darauf schliessen liesse, dass Walther gerade solche litterarische bekanntschaften gepflegt habe.

Der einfache zusammenhang dieser stellen ergibt vielmehr nur, dass unter dem klausner wenn nicht ein einsiedler, so doch ein mönch zu verstehen sei, der die kirchlichen verhältnisse seiner zeit im antipäpstlichen sinne auffasst und in seiner ganzen betrachtungsweise einen den bestrebungen der damaligen päpstlichen politik entschieden entgegengesetzten standpunct einnimmt; so wie er nach einer andern seite hin einen grossen theil des höhern clerus, der vorsteher der gotteshäuser und kirchen als der verweltlichung anheim gefallen bezeichnet; mit einem worte, dass unter dem klausner ein mönch zu verstehen sei, der mit dem dichter selbst in den wesentlichsten puncten eines sinnes ist.

Zweierlei, scheint es, muss somit derjenige beweisen, welcher darthun will, dass in dem klausner in der that diese oder jene historische persönlichkeit zu suchen sei. Einmal muss er zeigen, dass diese historische persönlichkeit ich möchte sagen etwas „Waltherisches" an sich hat, dass sie mit dem dichter einerlei sinnes ist in solchen fragen, die ihn tief und innig bewegen; sowie dass die fragliche persönlichkeit, auf die Walther immer nur dann kommt, wenn er von dem einflusse des papstes auf die geistlichkeit, speciell auch

1 *

auf die klostergeistlichkeit redet, mit kirchlichen verhältnissen und klösterlichem leben in verbindung steht und somit zu solchen äusserungen, wie sie ihm Walther in den mund legt, berechtigt ist. Zweitens aber muss er es wahrscheinlich zu machen suchen, dass der dichter seinem „alten gnoten klôsenaere" auch wirklich im leben nahe gestanden habe, er muss wahrscheinlich zu machen suchen, dass sie sich persönlich gekannt und mit einander verkehrt haben. — Mit diesen gesichtspuncten im auge schauen wir uns unter dem kreise der gesellschaft, in der Walther zeitweilig verkehrt hat, auch nach dem „klôsenaere" um, und werden um so gewisser sein ihn erkannt zu haben, wenn wir so wenig als möglich an den untersuchungen über den aufenthalt des dichters, wie er durch Lachmann, Wackernagel, Daffis (zur lebensgeschichte Walthers von der Vogelweide von Dr. A. Daffis. Berlin 1854) festgestellt ist, zu ändern und vielmehr unsere gewonnenen bestimmungen nur in die von jenen festgestellte zeittafel über Walthers aufenthalt einzutragen haben.

Dass wir es gleich heraussagen, wir glauben, alles dieses lässt sich nachweisen an Conrad, dem bischofe von Halberstadt und späteren mönche in Sichem (Sittichenbach) bei Eisleben, und sind daher in der that der meinung, dass er der alte gute klausner unseres Walther gewesen ist.

Dieser Conrad war seiner geburt nach ein herr von Krosigk, seine familie im Meissnischen und Mansfeldischen angesessen [1]). Der vater desselben hiess

---

[1]) Ein Teto de crossuc erscheint zuerst im jahre 1103 als zeuge in einer urkunde des bischofs Walram von Naumburg, vgl. Lepsius, geschichte der bischöfe p. 235.

Dedo (II) † 1188, und dessen bruder war der bischof Dietrich von Halberstadt (1180—1193). Als brüder Conrads werden im Chronicon Montis Sereni ausdrücklich Gunzelin und Friedrich erwähnt; seine schwester Bertradis ward äbtissin von Quedlinburg, nachdem der iunge könig Heinrich VII. die äbtissin Sophie, eine tochter des grafen Friedrich von Breue, ihres ärgerlichen treibens halber abgesetzt hatte (1224), vgl. Chronicon Montis Sereni ed. Eckstein p. 153. und Böhmer Regesta Imp. p. 216. — Beide brüder Gunzelin und Friedrich erscheinen sowohl in staufischen als in markgräflich meissnischen urkunden ziemlich häufig als zeugen; so Friedrich in einer urkunde Philipps 1203, 23. april apud Egram, vgl. Böhmer, Reg. Imp. p. 15. und Schultes, direct. dipl. II. p. 420; während er im iahre 1209. selbst eine urkunde ausstellt *in loco, qui dicitur Wettene, cum iudicio presideremus vice comitis in Wettine*, in welcher er erklärt, dass die edlen Iohannes und Walter, burggrafen von Giebichenstein, die burg in Spurne (Spören) mit 170. hufen der kirche zu Zeitz zum eigenthum gegeben haben; der markgraf Dietrich kommt in dieser urkunde selbst als zeuge vor. Seinem bruder Gunzelin begegnen wir vorzugsweise häufig in staufischen urkunden: er scheint der stetige begleiter des markgrafen Dietrich zu den königlichen hoftagen gewesen zu sein. So ist er zeuge einer urkunde Philipps vom 31. ianuar 1200, die in Allstedt ausgestellt ist, ferner in einer andern von Philipp am 14. april 1205. zu Nürnberg ausgestellten, endlich in einer Zwickauer vom 18. mai 1206 (vgl. Böhmer, Reg. Imp. p. 8, p. 18, p. 20); am 16. märz 1214. bekräftigte er eine von Friedrich II. bei Nürnberg ausgestellte urkunde

(Schultes, dir. dipl. II. p. 488); ferner bezeugt er die schenkung von Schönburg und Wesel, womit Friedrich im iahre 1216 den erzbischof Albert und die kirche von Magdeburg begnadigte (14. mai 1216 bei Wirzburg), vgl. Böhmer, Reg. p. 87; und endlich bezeugt er noch eine am 25. novbr. 1219. von Friedrich bei Nürnberg ausgestellte urkunde (Böhmer, Reg. p. 104). Den vertrag zwischen dem markgrafen Dietrich von Meissen und dem abte Sigfried von Pegau (19. iuli 1219), durch welchen die streitigkeiten über die abhaltung eines marktes zu Groitzsch und andere strittige punkte ausgeglichen wurden, bezeugt er ebenfalls (Schultes II. p. 535). Von Gunzelins söhnen werden im Chron. Mont. Ser. drei erwähnt: Dietericus, zuerst cellerarius, dann parochianus der alten capelle, zuletzt hospitalarius des klosters auf dem Lauterberge bei Halle, der mit seinem propste Dietrich einen sehr ärgerlichen streit hatte (vgl. Chron. M. S. p. 112—126); ferner dessen brüder Conrad und Iohannes, Chron. M. S. p. 115: „*Videns autem eos per inermes clericos tolli non posse, quoniam fratres Tiderici Conradus et Iohannes et servientes ipsorum, qui cum eo advenerant, evaginatis gladiis hoc prohibere parati erant, ipse per se vocem, qua vulgari verbo ad arma evocari populus solet, cum clamore saepius edere coepit*". Ob noch ein vierter bruder Albert, den Lenz in seiner diplomatischen stifts- und landeshistorie von Halberstadt p. 90. als canonicus H. bezeichnet, auch wirklich nachzuweisen ist, weiss ich nicht; wahrscheinlich meint Lenz damit den im iahre 1242. urkundlich in einem diplome des bischofs Meinhard von Halberstadt vorkommenden Albertus de Crozuch, Lenz a. a. o. p. 192.

In dem streite der Staufer mit den Welfen erhielt namentlich das bisthum Halberstadt für beide theile eine grosse wichtigkeit. War der bischof von Halberstadt welfisch gesinnt, so drückte er schon von selbst auf das erzbisthum Magdeburg und durch dieses auf die länder zwischen Elbe und Saale. Daher suchten die Staufer vorzugsweise in dieses bisthum ihre ergebensten anhänger zu bringen. Zu diesen gehörte aber die familie von Krosigk schon seit geraumer zeit. Vom iahre 1180—1193 sass ein glied derselben, Dietrich, auf dem bischöflichen stuhle in Halberstadt und zeigte sich als einen thätigen und rührigen gegner Heinrichs des Löwen. — Noch viel entschiedener stand dessen nachfolger Gardolf auf der seite Heinrichs des VI., wenigstens im anfange, und als eine schwere prüfung ganz neuer art über das kaiserhaus hereinzubrechen drohte. Zweimal zeigte er sich als ein treu ergebener anhänger des staufischen hauses, kurz nach seiner wahl, a. 1193, als eine fürstenverschwörung in Niderlothringen gegen Heinrich ausbrach, der selbst der erzbischof von Cöln beitrat; und zweitens als sich die fürsten Deutschlands dem lieblingsplane dieses kaisers, das reich in ein erbreich zu verwandeln, durch eine verschwörung widersetzten, bei welcher der erzbischof Conrad von Mainz selbst betheiligt gewesen zu sein scheint. Dass die Staufer die wichtigkeit, welche das Halberstäder bisthum für sie hatte, auch wirklich offen anerkannten, erhellt aus einer stelle des Chronicon Halberstadense offenbar: *Ipse (Gardolfos) eciam imperialis aule capellanus existens in oculis imperatoris Henrici, hujus vocabuli sexti, tantam invenit gratiam et favorem, quod cum ipse electus ad imperatorem accederet regalia acce-*

plurus, ipsius electionem adeo gratam habuit et acceptam, quod ipse Halberstadensem ecclesiam specialis prerogative brachiis amplectendam, et imperiali patrocinio a se pollicitus est eam semper favorabilius exaltandam. Chr. H. ed. Schatz p. 63. — Im jahre 1196 nahm Gardolf an dem kreuzzuge, der die pläne Heinrichs VI. ihrer vollendung nahe bringen sollte, theil, kehrte aber mit den übrigen fürsten, sobald die kunde von Heinrichs tode erschollen war, wider heim. War iedoch seine rückkehr durch manigfache gefahren bedroht gewesen, so fand er zu hause noch weniger tröstliche verhältnisse. Von neuem unruhe in seinem stifte; die alte parteistellung ist wie mit einem schlage wider erstanden! — Da treffen endlich die fürsten an der Saale und Elbe den richtigen mann in so schwierigen verhältnissen, den mann, der die kaiserlich nationale politik fortsetzen wird, — Philipp, Heinrichs bruder und Friedrichs sohn! Mit landsmannschaftlichem stolze preist der verfasser des Chron. Halberst. die entscheidung, welche diese fürsten trafen: *Cum enim electores, Saxonie principes, ad eligendum imperatorem universos imperii principes crebrius invitarent, quidam principes avaritie dediti huic sacre electioni exsecrabiles interponere non sunt veriti conditiones. Alii vero, ut tyrannidi sue impune liberius possent vacare, hanc electionem conati sunt impedire. Verum principes Saxonie non ferentes imperium sine rectore sub tante more periculo vacillare, quibusdam aliarum provinciarum principibus convocatis, in nomine domini congregati in villa Arnestede Moguntine dyocesis, s. spiritus auxilio invocato, dominum Philippum, ducem Swevie, filium et fratrem divorum imperatorum Frederici et Henrici, imperatorem unanimiter elegerunt*, Schatz p. 66. — Allein die rheinischen fürsten wählten den welfischen Otto, und bischof Gardolf war lange zeit unschlüssig, an welche partei er sich anschliessen sollte. Da stand er denn zwischen zwei feuern, aber doch ohne dass ihn gottes gnade hätte etwas anfechten lassen (*multo tempore in medio duorum ignium constitutus, non est per dei gratiam estuatus*, Chron. H. p. 67). Als aber Philipp 1199. das weihnachtsfest in Magdeburg feierte, wurde Gardolf allgemein ersucht sich ihm anzuschliessen und trat endlich auch durch seinen verwandten den kanzler Conrad bewogen zur staufischen partei über (*Cum autem ad hanc curiam multi principes convenissent, et dominus Gardolfus episcopus, ut ad partem suam cederet, ab omnibus crebrius urgeretur, inductu tandem domini Conradi sui consanguinei, imperialis aule cancellarii, ad regem Philippum venit, eique se suis obsequiis mancipavit* (Chron. Halb. p. 67). Aus der lebhaftigkeit, mit welcher der chronist diese feier beschrieben hat, scheint hervorzugehen, dass er ihr selbst beigewohnt hat; und wahrscheinlich war auch mit dem bischofe Gardolf sein nachfolger, der damalige dompropst Conrad, jener bruder Gunzelins und Friedrichs von Krosigk, gekommen (*Episcopi quoque qui aderant, pontificalibus indumentis ornati, regem et reginam ex utroque latere tam reverenter quam honorabiliter conduxerunt. Bernardus autem, dux Saxonie, qui et ensem regium preferebat, ceterique principes assistenses, viri quoque nobiles, comites et barones, omnibusque generis plebs collecta in obsequio regis et tante sollempnitatis officiosa sedulitate ferventes erant, omnes-*

que qui aderant, quorum incomprehensibilis extitit numerus, corde gaudentes, animis exultarunt, manibus applaudentes, vocibus perstrepentes, opere vigilantes huic sollempnitati uniformiter arriserunt, ipsam per omnia debite devotionis tripudio peragentes. Dominus autem Conradus imperialis aule cancellarius sagaciter cuncta disposuit et prudenter, et ut ordinate fierent omnia fideliter procuravit). — Als aber papst Innocenz III. allmählich gegen Philipp vorgieng, als er den cardinal bischof Guido von Präneste nach Deutschland schickte, da verliess auch bischof Gardolf seine bisherige sicherheit: er stellte sich im geiste vor, wie der papst durch das gebot des geistlichen gehorsams die kirchlichen würdenträger zwingen werde könig Otto zu dienen, und wie dann, wenn man den päpstlichen befehl nicht achte, die strenge der geistlichen disciplin, auf der ja alles heil beruhe, nachlassen, und die kirche selbst unersetzlichen schaden nehmen werde. Durch solche in der that nur zu begründete besorgnisse, welche die fürsten auf Otto's seite vergebens hinwegzuräumen suchten, gerieth er in eine solche beklommenheit des gemüths hinein, dass er gesandte an den bischof Guido von Präneste schickte, um ihm seine lage vorstellen zu lassen. Er selbst aber war fest entschlossen, persönlich nach Rom zu gehen und von seiner kirche dadurch ieglichen nachtheil abzuhalten, oder falls ihm dies nicht gelingen sollte, freiwillig dem bisthume zu entsagen. — Aller seiner besorgnisse aber enthob ihn der tod, der ihn am 21. august des iahres 1200. im kloster Kaltenborn überraschte.

So war es denn für Philipp im hohen grade wichtig, einen erklärten anhänger seiner partei in das erledigte bisthum zu bringen. Die umstände erforderten eine baldige neuwahl, die von dem erzbischofe Ludolf von Magdeburg, dem treusten anhänger der staufischen interessen, geleitet natürlich nur auf einen der staufisch-nationalen politik ganz ergebenen fallen konnte. Chron. Halberst. p. 69, 70: *dominus Ludolfus Magdeburgensis archiepiscopus, qui de more exequiis suis interfuerat, ad alterius provisoris substitutionem continuo maturandam propter malum terre statum crebrius fratres hortabatur.* Gewählt wurde endlich iener propst Conrad, ein verwandter Gardolfs, der bereits im iahre 1185 als *majoris ecclesie canonicus et S. Mariae praepositus* und von da ab in noch mehreren urkunden — einmal als *Conradus summus praepositus* — vorkommt, vgl. Lenz a. a. o. p. 111. Anfangs weigerte er sich freilich, nahm aber doch endlich den bitten des erzbischofs Ludolf nachgebend die last in ergebung und ehrfurcht auf sich — *gratulabatur igitur omnis populus, quod cum Halberstadensis ecclesia post occasum pie memorie Gardolfi episcopi passa esset eclipsim miserandam, jubare novi syderis hanc eandem ecclesiam dignatus est dominus misericorditer illustrare*, Chron. Halberst. p. 70. Er war aber auch in der that eine zu dieser würde ausserordentlich befähigte persönlichkeit: von vornehmer geburt, von iugend auf in den freien künsten und wissenschaften unterrichtet, ein frommer und gewissenhafter geistlicher, voller klugheit und beredtsamkeit, und — was in den damaligen verhältnissen durchaus erforderlich war — am hofe Philipps als treu ergeben anerkannt und geliebt. — Der könig Philipp selbst befand sich gerade gegen ende des iahres 1200. in Halle a. d. S. (vgl. Böhmer, Reg. p. 12); sofort machte sich daher

Conrad dahin auf, wurde freundlich empfangen und erhielt auch die regalien. Wegen des zwiespaltes über die wahl des erzbischofes von Mainz ward er jedoch vom bischofe von Eichstedt unter beihilfe der bischöfe von Brandenburg und Havelberg am 1. ianuar 1201. geweiht. Als er jedoch vom bischofe von Präneste den befehl erhielt, nach Cöln zu kommen und dort des apostolischen ausspruches gewärtig zu sein, appellirte er der beschwerlichkeit des weges und der gefahr wegen, in der er als anhänger Philipps schwebte, wurde aber nichts desto weniger von den legaten mit allen anhängern Philipps in den bann gethan. Da er nun aber lieber in die hände gottes, als in die der menschen fallen wollte, bezeichnete er sich am palmsonntage in Quedlinburg mit dem kreuze zum grossen schmerze aller anwesenden. Er erhielt von dem Magdeburger decane Albert 600. mark silber und reiste, nachdem er die angelegenheiten seiner kirche geordnet hatte, am 1. mai 1202. ab. Auf der reise durch Böhmen nahmen ihn könig Ottokar und sein bruder, der markgraf von Mähren, freundlich auf und geleiteten ihn durch ihr land; auch bei dem herzoge von Oestreich, dem erzbischofe von Salzburg, dem patriarchen von Aquileia fand er freundliche aufnahme und ehrenvolles geleit und kam am 13. august in Venedig an. In seiner diöcese herrschte freilich unterdess mancherlei tumult und aufregung, da namentlich der cardinal Guido so wie auch der erzbischof Sigfried von Mainz verlangten, dass man einen andern bischof wählen sollte; allein vorzugsweise propst Gerold ermuthigte die bürger zu thatkräftigem widerstande, und die gefahr gieng vorüber, Chron. Halb. p. 71: „*Halberstadensis quoque ecclesia a Prenestino apo-*

stolice sedis legato et a Sifrido Moguntino archiepiscopo non modicam passa est persecutionis instantiam, ut ipsa a suo episcopo recederet, aliumque, qui regi Ottoni serviret, eidem supponeret. Quibus ecclesia tam fideliter quam viriliter resistendo omnes machinationes et conatus eorum adiuvante domino dissipavit". — Conrad selbst gieng iedoch auf venetianischen schiffen nach Dalmatien und blieb in Zara den ganzen winter des iahres 1202. bis zum mai 1203. Sicherlich hat er hier die pläne Philipps zu gunsten seines schwagers Alexius gefördert, was vielleicht überhaupt ein hauptbeweggrund zu seiner ganzen reise gewesen sein dürfte, vgl. Chron. Halberst. Er begleitete hierauf die kreuzfahrer nach Constantinopel, erblickte noch Balduin als kaiser und brach am 17. august 1204. nach dem heiligen lande auf. Am 7. october gelangte er nach Tyrus und begab sich von da zu den päpstlichen cardinallegaten in Accon, von denen er nur unter der bedingung aufgenommen und absolvirt wurde, dass er in eigner person vor dem papste zu erscheinen versprach. Der bischof von Tyrus, der nach Griechenland reiste *(in Greciam proficiscens)*, trug ihm die verwaltung seiner kirche auf, und in dieser eigenschaft weihte er sogar den bischof von Sidon. Ia die päpstlichen legaten gaben ihm sogar eine vollmacht während ihrer abwesenheit in Constantinopel ihre stelle zu vertreten. Hier in Tyrus verkündete ihm auch ein wahrsager seine zukunft, Chron. Halb. p. 75: „*Ei apud Tyrum existenti quidam philosophus omnis vite sue futurorum eventus patenter insinuavit".* Er verweilte [1])

---

1) Auch urkundlich kommt Conrad hier vor; er ist unterschriebener zeuge in der vom 25. august 1203. *in urbe regia*

noch daselbst bis zum 30. märz 1205, an welchem tage
er sich zur rückreise einschiffte. Sein weg führte ihn
über Creta nach Venedig, wo er den Halberstäder decan
Burchard mit einigen andern der Halberstädischen kirche zugehörigen antraf. — War nun schon sein aufenthalt im heiligen lande selbst ein für ihn im hohen grade ehrenvoller gewesen — er war unter anderm auch
einer der geistlichen wahlherren des neuen königs von
Ierusalem (Arnold v. Lübeck VI. c. 20) — und seine
abreise von Tyrus eine ungemein feierliche — (Chron.
Halb. p. 75. *dominus Amalricus Iherosolimorum rex mi-
lites quoque templi ac hospitalis, civesque tam Tyrii
quam Acconici cum clero ac populo universo ipsum sunt
cum gemitu prosecuti, veraciter asserentes: totam terram
suam nimirum ex sui solius absencia desolatam, ex
cujus presencia indubitanter asseverabant, terre sancte
fuisse feliciter benedictum*); — so war doch sein aufenthalt und sein empfang in Venedig ein noch glanzvollerer.
Geschmückt mit den bischöflichen gewändern wurde er
vom dogen, von clerus und volk in feierlicher proces-
sion in die kirche des heiligen Marcus geleitet und hielt
daselbst eine feierliche messe. Chron. Halb. p. 75. Darauf machte er sich sofort auf den weg nach Rom, wurde aber, bevor er vor Innocenz erschien, von neuem
auf veranlassung desselben absolvirt. Er muss einen
ausserordentlichen eindruck auf diesen gewaltigen papst
gemacht haben, da ihn derselbe widerholt und auf das
dringendste anlag von Philipp abzufallen und sich Otto

---

datirten urkunde, durch die kaiser Alexius die geistliche
oberhoheit des röm. papstes anerkennt; vgl. Abel, könig
Philipp, p. 369, anm. 7.

zuzuwenden. Und wie bewährte er sich in dieser für sein gewissen so hart bedränglichen lage! Fest und mannhaft erwiderte er, er wolle lieber den makel des ungehorsams als die schuld des meineides auf sich laden: *„cum autem multipliciter papa ipsi instaret, ut eum a fidelitate regis Philippi evelleret, et ad regis Ottonis obsequium inclinaret, ipse episcopus pocius notam inobedientie, quam reatum periurii se velle incurrere constanter respondit".* Um wie vieles fester zeigte er sich da als der an geist und macht so bedeutende erzbischof Eberhard von Salzburg, der an der spitze der von der staufischen partei abgeordneten gesandtschaft im iahre 1202. nach Rom gegangen war und sich von Innocenz so hatte überwältigen lassen, dass er ihm versprach auf Otto's seite zu treten. Die achtung des papstes vor dem freimüthigen unerschrockenen kirchenfürsten mag nicht wenig durch den brief, mit dem ihn die kreuzfahrer Innocenz empfahlen, gehoben worden sein: *„Inter venerabiles vero pontifices nostros, quorum in his fuit et consilium efficax et cura praecipua, dominus Halberstadensis merito laudandus apparuit, qui exercitui nostro verbo et exemplo per cuncta proficuus, apostolice sedis reverenciam quam gerebat in pectore patenter opere demonstravit. Verum quasi ad levioris fame garritum, cui fides omnino adhiberi non debuit, a quibusdam transitorie sumus edocti, quod eidem foret vestra obscurata serenitas, et adversus eum aliqua vestre succrevisset indignatio sanctitati, cuius tamen signum credibile nec audivimus nec vidimus umquam: paternitatem igitur vestram pro amore sincero, quem ad pontificem memoratum habemus et habere debemus, propensius obsecramus, quatinus etiam si contra eum sinceritas vestra iuste per-*

mota est, quod omnino non credimus, tam sue devotionis intuitu quam nostre supplicationis obtentu voluntarie pleniter ac faciliter remittatis: scientes quod non invenietis in eo rebellionis aut inobedientie quidquam, sed ad primam visionis vestre vocem ad omnem voluntatis apostolice promptus obediet. Signis igitur patentibus quod sompniavit mendax et garrula fama diluite, et apostolicam gratiam, quam digne pontifex memoratus promeruit, dulcibus litteris exarate, et gratiam paternitatis vestre plene eum recuperasse ecclesie sue innotescere faciatis", Chron. Halb. p. 76. Das resultat, welches dieser brief sowie ohnstreitig das ganze auftreten Conrads vor Innocenz hatte, war ein für den bischof selbst sehr günstiges: der papst schenkte ihm seine volle gunst wider und gewährte ihm alle seine bitten. Am tage Petri und Pauli liess er ihn während der feierlichen messe unter den cardinälen nidersitzen, gab ihm dann seinen segen und den friedenskuss und entliess ihn wider nach der heimat. Dabei muss man freilich mit in anschlag bringen, dass gerade in dieser zeit bei dem gange, den der ganze deutsche thronstreit im laufe des iahres 1204. genommen hatte, für den staufischen könig aussicht vorhanden war das feld doch endlich behaupten zu können; so wie auf der andern seite Philipp gerade ietzt auch daran dachte, seinem gegner den schutz des papstes zu entwinden, vgl. Abel, könig Philipp p. 204. und flgde. Conrad nahm die Deutschen, welche er zu Rom angetroffen hatte, so wie die, welche von den italischen universitäten wider heimzukehren wünschten, auf eigne kosten mit sich und begab sich über Bologna nach der heimat zurück. — Der herzog Bernhard von Sachsen und eine grosse anzahl aus dem adel und den ministerialen seiner kirche kamen ihm entgegen und geleiteten ihn bis in die nähe der stadt. Da strömte ihm denn die ganze stadt, clerus und laien, die geistlichkeit der ganzen diöcese und die angesehensten männer aus derselben, so wie eine grosse menge volkes aus den benachbarten provinzen zum empfange entgegen. Denn mit sich brachte er einen gar kostbaren und segensreichen schatz, reliquien der heiligen, hoch zu wagen und in gebührendem schmucke — einen schatz, den man so hoch hielt, dass ihm der verfasser der Halberstäder chronik die ausgedehntesten wirkungen beimisst — *merito igitur in talium patronorum adventu gaudendum erat, per quos utique fames, pestilencia, mortalitas, sediciones et bella undique opitulante domino quieverant*, p. 77. Der bischof wurde bis zur kirche des heiligen Stephan geleitet, an deren eingange der clerus das responsorium anstimmte „der herr hat mich geleitet"; darauf aber hielt er eine rede an das volk und entwickelte ihm die zahlreichen verdienste dieser schutzheiligen. Es war aber auch in der that der reliquienschatz ein ungemein reicher: *sanguis domini nostri Ihesu Christi, de ligno domini, de sepulchro domini, de spinea corona domini, de syndone ejusdem et de sudario, de veste purpurea, de spongia et arundine, de socularibus ejusdem, de capillis beate Marie virginis et de vestimentis ejus, de craneo s. Johannis baptiste et de capillis ejusdem et vestimentis et digitum unum, tybia s. Petri et de capillis ejus et de vestimentis, caro s. Pauli apostoli, reliquie Andree, brachium Symonis apostoli, caput totale Jacobi fratris domini, scapula Philippi apostoli, brachium Barnabe apostoli et omnium apostolorum reliquie. De craneo s. Stephani prothomartiris cum cubito ejus,* brachium Clementis pape, reliquiae s. Laurentii — u. s. w., vgl. Chron. Halb. p. 77 und Chron. Montis Sereni ed. Eckstein p. 72 a. 1203. Den tag seiner rückkehr, 17. august 1205, bestimmte er zu einem festtage, der alljährlich gefeiert werden sollte. An demselben tage aber war auch der erzbischof Ludolf von Magdeburg, der treuste anhänger der staufischen partei gestorben, und Conrad bestattete ihn darauf. Zu gleicher zeit wurde er aber auch von dem capitel aufgefordert, die wahl eines neuen erzbischofs in die hand zu nehmen. Er entschied sich für den dompropst Albert aus dem thüringischen geschlechte der grafen von Käfernburg, der durch seine schwester, die gemahlin des burggrafen Gebhard von Magdeburg, mit dem drei jahre vorher ermordeten kanzler Conrad, dem bischofe von Hildesheim und Wirzburg, verwandt war, vgl. Abel a. a. o. p. 191. Darauf widmete sich Conrad mit eben so viel eifer den kirchlichen interessen Halberstads, als er die gewaltthätigkeiten Otto's abzuwehren bemüht war. Auch in urkunden begegnet er uns in diesen zeiten nach seiner rückkehr einigemal: so hebt er auf antrag des abtes Friedrich von Eilwardestorp (Marienzell) das parochialverhältniss dieses ortes gegen die hauptkirche zu Lodesleve auf, anno dom. incarn. 1205. Ind. VII. Schultes, dir. dipl. II. p. 4. Im jahre 1206. erscheint er in einer urkunde Philipps, die am 20. mai bei Eger ausgestellt ist, als zeuge, dass der könig alle besitzungen des deutschen ordens in Ierusalem sowohl als im römischen reich in seinen besondern schutz nehme und denselben erlaube reichslehnbare güter zu erwerben, vgl. Böhmer, Reg. p. 20; am 30. april 1207. bezeugt er in Cöln eine urkunde Philipps, in welcher der könig

der stadt Cöln ihre zollfreiheiten zu Boppard am Rhein
bestätigt, Böhmer a. a. o. p. 23. Ferner erscheint er
noch in einer andern königlichen zu Cöln ausgestellten
urkunde vom 6. mai 1207. zusammen mit Hermann von
Thüringen und Conrad von Landsberg und bezeugt, dass
Philipp dem kloster Zelle den hof Altenzelle auf bitten
des markgrafen Dietrich von Meissen bestätigt habe. —
Schon längst neigte aber Conrads ganzes gemüth zur
einsamkeit und contemplation hin, und es war weder
sein wille, noch stand es auch in seinen kräften, das
geräusch und die geschäftigkeit der welt länger zu er-
tragen. Deshalb schickte er zum papste und bat um er
laubniss, nach der mühsal seines bewegten lebens zur
süssen ruhe der beschaulichkeit sich flüchten und seinen
herzenswunsch ausführen zu dürfen: nämlich die bischöfliche würde niderzulegen und in abgeschiedenheit von
der welt als Cisterziensermönch dem herrn zu dienen.
Der papst gewährte ihm iedoch diesen wunsch keineswegs, sondern gebot vielmehr dem bischofe Hugolinus
von Ostia, seinem vetter, dem spätern papste Gregor
IX., und dem legaten Leo nach Halberstad zu gehen
und dem bischofe, falls es ihrer meinung nach der kirche wirklich zum vortheil gereiche, den abschied zu
gewähren. Allein obgleich sich Conrad den visitatoren
zu füssen warf und sie unter thränen bat ihn ziehen zu
lassen, so gewährten sie es ihm doch nicht, sondern
warfen sich ihm vielmehr ihrerseits zu füssen und baten
ihn flehentlich seine kirche nicht zu verlassen. So war
ihm denn alle hoffnung abgeschnitten. — Da wurde
Philipp in Bamberg getödtet, und könig Otto machte sofort anstalt, in das Halberstäder bisthum einzudringen.
Nun war der bischof alles rathes und aller hilfe bar!

Sollte er es auf eine absetzung ankommen lassen, oder sollte er seiner ganzen lebensrichtung, die von seinen freunden und seiner familie getheilt wurde, entsagen? Er fand einen ausweg. Nachdem er sich mit seiner geistlichkeit berathschlagt hatte, erschien er vor könig Otto und machte seinen frieden mit ihm: 800 mark versprach er als pfand für seinen gehorsam. Sofort führte er nun aber auch den lieblingswunsch, den er so lange in seiner brust getragen hatte, aus. Obgleich es ihm vom päpstlichen stuhle untersagt war sein bisthum zu verlassen, wollte er doch lieber den göttlichen geboten gehorsam sein als denen der menschen und hielt dafür, dass man mit Maria das bessre theil erwählen müsse, die ruhe des beschaulichen lebens. Er eröffnete dem Halberstäder clerus seinen plan, legte seine bischöfliche würde nider und zog dann als mönch zur kirche in Sichem (Sittichenbach) bei Eisleben, wohin sich begraben zu lassen er schon im jahre 1202. allen unterthanen seines bisthums erlaubt hatte, vgl. Schultes, dir. dipl. II. p. 417. — Die wahl der Halberstäder geistlichkeit fiel auf den vicedominus Friedrich, der denn auch die päpstliche bestätigung nachsuchte. Allein Innocenz cassirte seine wahl und rief sowohl Conrad selbst als den abt von Sichem, der ihn aufgenommen hatte, nach Rom, wo er sie beide bestrafte, aber Conrad doch die berechtigung bischöflicher amtsgewalt zugestand (Chron. Halb. p. 80: *iniunctaque eis condigna penitentia tandem domino Conrado episcopalis officii execucionem concessit*).

Unsere nachrichten von diesem kloster Sittichenbach sind freilich keineswegs genügend: die historische beschreibung des alten Benedictinerklosters zu Oldisleben, des Cistercienser-klosters Sittichenbach, des nonnenklosters Scheiplitz von J. M. Schamelius, Naumburg 1730, p. 87—128. reicht nach keiner seite hin aus, und auch K. Krummhaar in seinem buche: „die grafschaft Mansfeld im reformationszeitalter. Eisleben 1855" — gibt nur aus Schamelius entlehntes; und so lässt sich auch über die frühern beziehungen des bischofs Conrad zu dem kloster grösstentheils nur auf muthmassungen hin urtheilen. Dasselbe war im jahre 1141. von Walkenried aus gegründet worden und mochte sich im anfange des dreizehnten jahrhunderts durch seine scharfe disciplin vor andern in der provinz vortheilhaft auszeichnen, so dass Conrad gerade in diesem seine letzten lebensjahre zuzubringen den wunsch hegen konnte. Seine thätigkeit in demselben war wohl daher auch vorzugsweise auf die erhaltung der klösterlichen disciplin und auf erweckung kirchliches sinnes gerichtet; daneben aber fand er zeit, über die grossen gegensätze der zeit — päpstlich oder kaiserlich? römisch oder deutsch? — nachzudenken, und war gewiss froh sein gewissen gerettet zu haben, als der kampf dieser gegensätze unter Friedrich II. härter als je zu beginnen drohte. Schamelius sagt nun von ihm in der oben angeführten schrift p. 99: „Dieser begab sich a. 1209 in unser kloster und lebte darinnen in die 16 jahr als ein mönch, stand auch mit den übrigen mönchen in guter einigkeit und schriebe bücher, bis er 1226 1. juli verstorben"; — „es sollen noch seine in Sichem geschriebene episteln vorhanden sein, wie Leukfeld aus Meibom. Tom. III. Rerum Germ. p. 259 bezeuget in Antiquit. Walkenried. p. 66". Was die letzte nachricht anlangt, dass Conrads in Sichem geschriebene briefe (also wohl eine correspondenz) noch vorhanden sein sollen, so scheint sie lediglich daraus hervorgegangen zu sein, dass Leukfeld die betreffenden stellen aus Meibomius nicht verstanden hat. Diese stellen lauten (Meibom. Tom. III. p. 259): „*Vidi litteras Conradi hujus, episcopi et monachi in Sichem, in quibus adducuntur hi testes*" (folgen die namen der unterschriebenen zeugen); „*multa de ejus pietate, de studio promovendi cultus divini in litteras relata sunt*"; — und es erhellt von selbst, dass in der erstern ebenso wenig von einer correspondenz Conrads die rede ist, als in der zweiten von seiner schriftstellerischen thätigkeit. Nur das eine steht fest, dass er in seinem kloster predigten gehalten hat, in denen er bisweilen auf zeitereignisse, so weit sie in die kirchliche sphäre fielen, rücksicht nahm. So predigte er namentlich über einen vorfall in dem benachbarten Halle a. d. S., welchen das Chron. M. S. unter dem iahre 1214. p. 101. ausdrücklich erzählt. Ein presbyter unter den vicaren des parochianus an der dortigen marktkirche, namens Petrus, hatte es nämlich durch die kunst, welche er verstand, dahin gebracht, dass kranke ihre heilung der wunderthätigen macht eines crucifixes, welches sich in dieser kirche befand, zuschrieben. Als sich das gerücht hiervon verbreitet hatte, strömte so viel volk aus der ganzen umgegend zusammen, dass das opfergeld innerhalb der wenigen monate, welche dieser wahnsinn anhielt *(quibus illa duravit insania)* über 150. mark geschätzt wurde, die geschenke an wachs noch abgerechnet. Siebzig mark kamen davon dem erzbischofe zu gute, das übrige wurde zum vortheile der kirche zum Neuen Werke verwandt. Ia selbst kluge und verständige leute liessen sich dabei so hintergehen, dass nicht allein der propst Poppo von dem kloster zum

Neuen Werke in seiner predigt beständig die wunderthaten, welche daselbst geschähen, mittheilte und spötter und ungläubige excommunicirte, sondern auch der bischof Conrad von Sichem in seinen predigten öffentlich die wahrheit derselben bezeugte: *In tantum vero etiam prudentes viros eadem delusio dementavit, ut non solum Poppo praepositus assidua praedicatione virtutes, quae ibi fierent, populis intimaret, et contradicentes vel irridentes per excommunicationis quoque sententiam prohiberet, sed etiam Conradus episcopus de Sichem horum veritati publice in suis sermonibus testimonium perhiberet*, Chron. M. S. p. 102. — So aufrichtig und von herzen kommend aber der wunsch des frommen bischofs, in abgeschiedenheit gott allein zu dienen und die gegensätze der welt von sich fern zu halten, immer nur gewesen sein mag, so wenig vollständig erreichte er ihn in Sichem. Seine ganze persönlichkeit war eben zu weitgreifend, sein unmittelbarer einfluss zu bedeutend, als dass er von nun ab unbemerkt, wie er gehofft hatte, hinter klostermauern seine tage hätte hinbringen können. Im gegentheil wir begegnen ihm wider unter den verschiedenartigsten verhältnissen: in der unmittelbaren nähe des markgrafen Dietrich von Meissen, um unter andern eine schuldforderung des klosters St. Petri auf dem Mons Serenus in erinnerung zu bringen oder einzutreiben; ferner in Merseburg, um die wahl eines neuen bischofes zu leiten; in dem kloster St. Petri auf dem Mons Serenus, um eine streitigkeit seines neffen mit dem propste Dietrich beizulegen; ja er wird sogar noch einmal zum verweser eines bisthums ausersehn. In den jahren 1212—1214. befand er sich einmal bei dem markgrafen Dietrich von Meissen. Da derselbe nämlich den mönchen auf dem Lauterberge bei Halle alljährlich ihren überflüssigen wein abzukaufen pflegte, freilich ohne ihn bar zu bezahlen, so war um die zeit, wo der propst Iohannes starb († 7. märz 1212), seine schuld bei dem kloster fast auf 300. mark gestiegen. Da trug das capitel dem bischofe Conrad auf den markgrafen an seine verpflichtung zu erinnern, was derselbe auch that, aber freilich ohne erfolg, da ihn der markgraf mit der erklärung abfertigte, dass ihm die ganze schuld bereits erlassen sei, Chron. M. S. a. 1212. p. 96. Diese erinnerung des bischofes Conrad muss aber vor dem iahre 1214. statt gehabt haben, weil propst und kapitel in diesem iahre den markgrafen von neuem, obgleich ebenfalls ohne erfolg, erinnerten. Im Chron. M. S. p. 101. heisst es nämlich: Im iahre 1214. hatte der propst Dietrich von dem kloster auf dem Lauterberge und propst Wilhelm von Zchillen die absicht nach Rom zu reisen. Als das der markgraf Dietrich erfuhr, befahl er ihnen am tage ihrer abreise zu ihm nach Zörbig zu kommen, in der absicht ihnen durch entziehung der reisemittel die ganze reise zu vereiteln. Der propst vom Lauterberge aber, der den plan des markgrafen durch einige freunde erfahren hatte, kam am tage vor seiner abreise aus freien stücken zum markgrafen und stimmte ihn nach einer langen geheimen unterredung dadurch um, dass er ihm eine neue schuld für 40. carraten wein zu erlassen versprach. So gieng wenigstens das allgemeine gerücht; und prior und capitel des klosters fanden sich dadurch bewogen, einen bruder ihrer kirche zu schicken, um ihn sowohl an die alte als an die neue schuld zu erinnern; worauf iedoch der markgraf erwiderte, dass er alles berichtigt habe, was indess nach der meinung des chronisten vom Lauterberge niemals geschehen ist, vgl. Chron. M. S. a. 1214. — Im iahre 1215. den 11. october war Conrad auf dem Lauterberge und weihte einen altar des heiligen Augustinus; Chron. M. S. a. 1215. p. 102. Den tag darauf starb der bischof von Merseburg, und Conrad lenkte die wahl, welche vorzugsweise seinem ermessen anheimgestellt war, auf den canonicus Eckehard, einen verwandten des propstes Dietrich vom Lauterberge, der dann als bischof in den streitigkeiten der benachbarten klöster oft als schiedsrichter vorkommt. Auch die weihe desselben half Conrad mit dem erzbischofe Albert von Magdeburg und den bischöfen von Meissen und Brandenburg im iahre 1216. zu Merseburg vollziehen, Chron. M. S. a. 1215. p. 102. und a. 1216. p. 104. Urkundlich erscheint er ebenfalls im iahre 1216, vgl. Schultes, dir. dipl. II p. 513. Im iahre 1217. wurde er vom bischofe Engelhard von Naumburg, der sich dem vom papste Honorius III. angeordneten kreuzzuge angeschlossen hatte, zum stellvertreter in kirchlichen angelegenheiten eingesetzt und erscheint auch mehrere male als solcher in urkunden. So hielt er am 9. october 1217. zu Naumburg eine synodalsitzung, in welcher er die stiftungsurkunde des von markgraf Dietrich neu angelegten mönchsklosters in Eisenberg bestätigte; und noch in demselben monate begab er sich nach dem kloster Lausnitz bei Eisenberg, um die im iahre 1212. abgebrannte und neu aufgebaute klosterkirche zu weihen, vgl. Lepsius, geschichte der bischöfe von Naumburg p. 66, Schultes, dir. dipl. II. p. 522. Am 8. november 1217. bezeugt er zusammen mit erzbischof Albert von Magdeburg, bischof Otto von Wirzburg, pfalzgraf Ludwig, mit mark-

graf Dietrich von Meissen und landgraf Ludwig von
Thüringen in der nähe von Altenburg eine urkunde
Friedrichs II., vgl. Böhmer, Reg. p. 90. Die urkunde,
welche Schultes dir. dipl. II. p. 526. als von ihm
ausgestellt anführt, übergehen wir und erwähnen nur
noch die aus dem iahre 1218, in welcher er bestätigt,
dass die tochter des grafen Meinher, Mechtildis, zum
seelenheile ihrer eltern und ihres gemahls, Conrad von
Lobdeburg, im dorfe Beutiz bei Weissenfels ein hospi-
tal für hilfsbedürftige und kranke gestiftet und dasselbe
der iungfrau Maria und dem heiligen Nicolaus geweiht
habe, 1218. Ind. V. Schultes a. a. o. II. p. 531. Im
frühiahr 1218. kehrte der Naumburger bischof zurück,
und Conrad begegnet uns erst im folgenden iahre wider,
wo er von dem markgrafen Dietrich von Meissen auf den
Mons Serenus geschickt wurde, um unruhen und streitigkeiten, die zwischen dem propste Dietrich und einem
neffen Conrads, welcher ebenfalls Dietrich hiess, ausge-
brochen waren, beizulegen. Die veranlassungen zu
diesem zwiste auf dem Lauterberge, welcher gar bald
die klosterbrüder, wie das seit Dietrichs propstwahl
nichts seltenes war, in zwei parteien schaarte, waren
folgende: der propst Dietrich hatte den parochianus der
alten capelle auf demselben berge, eben ienen erwähn-
ten Dietrich, zum verwalter des fremdenhauses gemacht
und die nun erledigte stelle einem bisherigen freunde
Dietrichs, namens Otto, gegeben. Als nun der letztere
sein neues amt angetreten hatte, begann er gar bald
seinen bisherigen freund Dietrich beim propste zu ver-
dächtigen und namentlich deshalb anzuklagen, weil er
die seit alter zeit her von dem opfer, welches an dem
tage der kirchweih in der alten capelle einkam, an

den cämerer zu entrichtende mark noch nicht gezahlt hatte. Als nun Dietrich abermals vom propste an die bezahlung der mark erinnert wurde, trat er am 14. iuli dagegen auf und appellirte in betreff der nachtheile, welche der propst seiner kirche in so reicher anzahl zugefügt habe, an den papst, wurde aber trotzdem seines amtes entsetzt; worauf er noch zwei pferde zu seinem niessbrauche aus dem klosterhaushalte nahm und sich nach Meissen begab, um sich bei dem markgrafen Dietrich über die schlechte verwaltung des propstes zu beklagen. Der markgraf untersagte nun zwar Dietrich seine appellation weiter zu verfolgen, schickte aber doch auf dessen drängen die bischöfe Conrad von Sichem und Eckehard von Merseburg auf den Mons Serenus, um die ganze angelegenheit ins reine zu bringen. Am 31. iuli sollten die strittigen punkte verglichen werden, und der verwalter des fremdenhauses fand sich denn auch tags zuvor zu später abendstunde mit zwei brüdern, Conrad und Iohann, und deren dienstleuten auf dem berge ein. Diese gelegenheit hielt aber der propst für günstig, um sich wider in den besitz der beiden pferde zu setzen, und stürmte mit einigen seiner anhänger muthig heraus. Da sah er freilich, dass die brüder Dietrichs die pferde mit dem schwerde in der hand zu vertheidigen bereit waren, und dass wehrlose cleriker dieselben nicht ohne weiteres wegführen könnten, und so begann er mit dem gewöhnlichen kampfrufe „wafen, wafen" die ganze clerisci zu seiner unterstützung herbeizuziehen. Allein auch das war vergebens, namentlich da sich noch überdiess einige von den klosterbrüdern mit Dietrich und seinem anhange verbanden. Um diese abtrünnigen zu strafen, liess der propst die thür des klosters schliessen und excommunicirte iene so im eigentlichen sinne des wortes. Indess einer der brüder wusste sich zu helfen, überstieg die nidrige mauer neben dem krankenhause und liess die übrigen zur thür der kirche herein Der propst aber reiste am folgenden tage sofort nach Halle, warf sich dem erzbischofe von Magdeburg und dem bischofe von Merseburg zu füssen, fieng an sich auf das heftigste über Dietrich zu beklagen und hob es namentlich hervor, dass seine anhänger mit messern und beilen bewaffnet die klostermauern überstiegen hätten. Er muss aber auch in der that eindruck auf die genannten gemacht haben, denn als darauf sein gleichnamiger gegner erschien und den bischof von Merseburg ersuchte seinem versprechen gemäss auf dem berge zu erscheinen, schlug es dieser ganz entschieden ab. Und so hatte denn auch die ankunft Conrads von Sichem keinerlei einfluss auf die beilegung dieser wirren; im gegentheil reiste derselbe, als er hörte, dass Eckehard von Merseburg nicht erscheinen würde, wider ab in kummer über die verwirrung, die er hinter sich liess, Chron. M. S. a. 1219. p. 117: „*Conradus interim episcopus de Sichem, Tiderico de Halis reverso, adveniens cum Mersburgensem venturum non esse didicisset, dolens quod conturbationem ecclesiae post se relinqueret, discessit*“. Die streitigkeiten der brüder auf dem Mons Serenus, die auf die erwähnte veranlassung dieses Dietrich entstanden, dauerten im ganzen neun monate; Conrad aber scheint nicht wider zur schlichtung derselben herbeigezogen worden zu sein, Chron. M. S. p. 112 — 116; auch späterhin macht er keinen weitern versuch, die angelegenheiten der bis aufs tiefste zerrütteten kirche wider zu ordnen. Auch urkundlich erscheint er in seinen letzten lebensjahren weniger oft: im iahre 1219. vermittelt er noch eine vereinigung zwischen dem kloster zu Vessra und dem nonnenkloster zu Frankenhausen über besitzungen in Ettileiben (Etzleben), Erfordia an. dom. 1219, vgl. Schultes dir. dipl. II. p. 540; ferner erscheint er urkundlich im iahre 1220, Schultes a. a. o. II. p. 550, und endlich bestätigt er noch im iahre 1225 eine schenkung der gebrüder Burchard und Gevehard von Querfurt, vgl. Schultes dir. dipl. II. p. 606. — Er beschloss sein manigfach bewegtes leben am 21. iuni 1225, nachdem auch sein bruder Gunzelin in demselben iahre vor ihm gestorben war, Chron. M. S. a. 1225. p. 172: „*Conradus quondam Halberstadensis episcopus, monachus in Sichem, obiit XI. cal. iulii, ante quem frater eius Guncilinus de Crozuc eodem anno mortuus est*". —

Aus dieser skizze geht denn doch das eine sicherlich hervor, dass ein dichter mit einem politischen und religiösen parteistandpuncte, wie ihn Walther einnahm, mit einem bischofe und mönche, wie Conrad war, in den hauptparteifragen übereingestimmt hat. Beide stehen in dem kampfe des papstthums gegen das kaiserthum, des romanismus gegen den germanismus, ganz entschieden zu ihrer nation. Die angriffe Walthers auf den papst sind um nichts kühner als die antwort, welche Conrad bei seiner anwesenheit in Rom Innocenz ertheilte. — Als aber seit dem tragischen tode Philipps die aussicht entschwunden schien, den kampf der Staufer gegen Rom glücklich zu ende zu führen, da scheinen freilich beide, der dichter und der priester, auseinanderzugehn: der letztere zieht sich in die einsamkeit des klosters zurück, um sein gewissen zu wahren und seinem natürlichen hange zur beschaulichkeit folge zu leisten; der dichter aber hört auch ietzt noch nicht auf seinen alten standpunct mannhaft zu behaupten. Dennoch aber ist auch dies nur eine folge ihres engern berufes und ihrer innersten seelenstimmung: und gerade durch diesen scheinbaren widerspruch mochte sich der dichter noch um vieles stärker zu dem geistlichen hingezogen fühlen.

Weiter wurde oben darauf hingewiesen, dass wir in dem klausner eine persönlichkeit zu suchen haben, die vorzugsweise mit kirchlichen verhältnissen in verbindung gestanden hat:

Mîn alter klôsenaere, von dem ich sô sanc,
dô uns der êrre hâbest alsô sêre twanc,
der fürhtet aber der goteshûse, ir meister werden kranc. —

und auch in dieser beziehung steht unserer annahme nichts entgegen; vielmehr haben wir ia in unserm Conrad eine persönlichkeit gefunden, die ebensowohl den einfluss des papstes auf die deutsche geistlichkeit kannte, als sie auf der andern seite mit kirchlichen und klösterlichen verhältnissen auf das innigste vertraut war: predigte er doch selbst in seinem kloster, wurde er doch von einem fürsten aufgefordert, ordnung und kirchliche zucht in einem der auflösung nahen kloster wider herzustellen.

Als zweites haupterforderniss für den beweis der annahme, dass Walther unter dem „klôsenaere" eine bestimmte historische persönlichkeit gemeint habe, wurde oben der nachweis erfordert, dass beide sich persönlich gekannt und mit einander verkehrt haben können. — Aus der vorausgeschickten lebensbeschreibung Conrads ersehen wir nun, dass die lebenszeit des mönches

in Sichem mit der Walthers selbst zusammenfällt, dass
sie beide vollkommene zeitgenossen sind. Was aber
den specielleren nachweis darüber anlangt, wann beide
zusammengetroffen sein können, so muss man sich die
zeittafel über Walthers iedesmaligen aufenthalt vergegenwärtigen und dasienige an sie heranhalten, was wir von
Conrads aufenthalt sicher und genau wissen. — Lachmann, anmerkung zu 19, 36, nimmt an, dass Walther
gegen das ende des iahres 1198, gastliche aufnahme
bei Philipp gefunden habe, und so ist es denn wahrscheinlich, dass ihm Conrad schon kurze zeit darauf,
anfangs 1199, in Worms bekannt wurde, denn er erscheint schon in einer am 22. februar 1199. zu Worms
ausgestellten urkunde Philipps unter den zeugen, vgl.
Böhmer, Reg. Imp. p. 5. — Bekannt ist, dass Walther mit Philipp das weihnachtsfest des iahres 1199 (vgl.
Lachmann, anmerkung zu 19, 5. und Böhmer,
Reg. Imp. p. 7) zu Magdeburg gefeiert hat, und hier
mag denn wohl der grund zu seiner freundschaft mit
Conrad gelegt worden sein. Der Halberstädter chronist
verräth nämlich hinlänglich durch die lebhaftigkeit seiner
schilderung, dass er selbst der feierlichkeit beigewohnt
hat; weshalb wohl der schluss, dass auch der damalige
dompropst und spätere bischof, der Philipp schon
persönlich bekannt war, anwesend gewesen sei,
nicht zu voreilig sein möchte. Auch Böhmer, Reg. p.
LXX. hat ia schon erklärt, dass die beschreibung von
könig Philipps weihnachtsfeier in der Halberstäder chronik so sehr an dieienige Walthers anklinge, dass man
eine beziehung zwischen beiden schilderungen kaum ablehnen könne! Und in der that ist es sehr wohl möglich, dass der chronist durch Walthers strophe — sie ist

vor abfassung des Chronicon Halberstadense gedichtet
— noch einmal in die herliche zeit zurückversetzt wurde und nun aus dem born der erinnerung schöpfend
seinen innigsten gefühlen worte lieh. — Am 6. ianuar
1205. finden wir Walther in Achen zur krönung Philipps
anwesend, (Lachmann, anmerk. zu 19, 36 p. 146);
worauf er aber denselben bald verlassen zu haben
scheint, da er nicht den gebührenden lohn bei ihm gefunden hat, und an den hof Hermanns von Thüringen
gegangen ist. Da nun Conrad selbst erst am 17. august
1205. von seinem kreuzzuge (1202—1205) zurückkehrte, so lässt sich eine directe berührung Walthers mit
Conrad in diesem iahre nicht nachweisen. Ich gehe
nämlich dabei von der voraussetzung aus, dass unser
dichter den fürsten, an dessen hofe er sich gerade aufhielt, auf seinen fahrten zu hof- und reichstagen und
ähnlichen versammlungen, in denen gerichtliche geschäfte
abgemacht wurden, begleitet habe, wie dies von den
minnesingern, die im gefolge von fürsten oder höher
gestellten personen erscheinen, während des 12. und
13. iahrhunderts sehr häufig geschah [1]). Begleitete so

---

1) Vgl. Des Minnesangs Frühling von K. Lachmann und
M. Haupt, anmerkungen p. 221 flgde.; unter anderm auch
p. 249: *Waltherus de Hussen et Fridericus filius eius* stehen
als zeugen in einer urkunde des Mainzer erzbischofes
Christian des ersten vom iahre 1171, bei Ioannis rer.
Mogunt. vol. 2. s. 649; im dec. 1187. war er bei dem gespräche kaiser Friedrich des ersten und des königs Philipp
August von Frankreich zwischen Mouson an der Maas und
Ivoi und auf dem rückwege bei einer verhandlung zu Virton: Gislebert, chron. Hannon. Boug. 18, 387; im iahre
1188 geleitete er den von dem könige Heinrich vorgeforderten grafen Balduin den fünften von Hennegau und bezeugte zu weihnachten in Worms die belehnung desselben
mit der grafschaft Namur, Gislebert s. 397.

auch Walther den fürsten, bei dem er sich gerade aufhielt, auf seinen ausfahrten, so mag er mit Hermann von Thüringen zusammen dem bischof Conrad am 6. mai 1207. in Cöln begegnet sein; wenigstens erscheinen da der Halberstäder und der Naumburger bischof, Hermann von Thüringen und Conrad, markgraf von Landsberg, in einer urkunde; Böhmer, Reg. p. 23. Bei Hermann von Thüringen hielt sich Walther bis zum iahre 1211. auf, wo der landgraf von dem gebannten kaiser Otto abfiel und auf einer versammlung zu Nürnberg mit den erzbischöfen von Mainz und Magdeburg und dem Böhmenkönige den päpstlichen schützling Friedrich II. zum könige erwählte. Von Thüringen hat sich Walther um diese zeit nach Meissen zu dem markgrafen Dietrich begeben (vgl. Lachmann, anmerk. zu 18, 15. p. 142, 2. ausg.), bei welchem er iedoch schwerlich länger als bis zum herbste des iahres 1213. ausgehalten hat, wo der markgraf den mit Otto scheinbar so fest geschlossenen vertrag brach und Friedrichs II. partei ergriff, sept. oder oct. 1213. — vgl. Böhmer, Reg. p. 75. — In Dietrichs umgebung nun müsste Walther vorzugsweise gelegenheit gehabt haben, Conrad, der nun schon seit dem iahre 1208. mönch in Sichem war, und dessen brüder Gunzelin und Friedrich unter dem adel der markgräflichen lande eine bedeutende stellung einnahmen und sehr häufig in des markgrafen umgebung erscheinen, zu begegnen. Und in der that haben wir auch ein bestimmtes historisches zeugniss dafür, dass Conrad in den iahren 1212—1214. in des markgrafen umgebung gewesen ist. Es ist nämlich oben nach dem berichte des Chron. M. S. a. 1212. ausgeführt worden, wie Conrad innerhalb dieser iahre auf bitten des capitels von dem gedachten kloster den markgrafen an die schuld, welche er für weinlieferungen bei dem kloster gemacht hatte, erinnerte. Vielleicht war aber der wahre zweck von Conrads anwesenheit ein ganz anderer, nämlich dem markgrafen in beziehung auf seine parteistellung bei Friedrichs II. herannahen rath zu ertheilen; denn auch der mönch von Sichem wandte sich dem neffen Philipps kurze zeit nach des markgrafen eigenem übergange oder vielleicht auch mit ihm zusammen wider zu, da wir ihn bereits am 10. juni 1214. in einer urkunde Friedrichs II. mit dem landgrafen von Thüringen, dem markgrafen Dietrich und vielen andern antreffen; wogegen er in keiner einzigen urkunde Otto's IV. erscheint. — Also auch in der umgebung des markgrafen von Meissen mögen Walther und der mönch von Sichem um das iahr 1212. zusammengetroffen sein.

Daffis: zur lebensgeschichte Walthers von der Vogelweide, Berlin 1854. p. 8 — hat nun weiter gezeigt, dass sich Walther im iahre 1214. unmöglich, wie Lachmann will, in Kärnthen aufgehalten haben könne, sondern dass er in den iahren 1214. und 1215. „ab und zu in kaiser Otto's umgebung verweilt haben muss", bis er im frühiahr 1216, als der landgraf Hermann Friedrichs partei wider zu verlassen anstalt machte, sich abermals zu diesem seinem alten gönner zurückwandte. Dieses lange ausharren Walthers auf der seite kaiser Otto's können wir freilich nicht wie Daffis p. 9. auffallend finden, sondern es erscheint uns gerade als die unmittelbare folge seines scharf ausgeprägten parteistandpunctes, vermöge dessen er sich unerschütterlich fest zu dem könige hielt, der gerade der legitime war. — Den landgrafen Hermann aber überraschte mitten in seinen neuen plänen der tod, und sein sohn Ludwig, den die sage ebenso verherlicht hat wegen seiner hohen sittlichen eigenschaften, wie Walthers mund seinen vater Hermann wegen der bekannten milde, wusste im anfange auch Walther an sich zu fesseln. Und in der that könnten wir den Annales Reinhardsbrunnenses (ed. Wegele) p. 149. in ihren schilderungen von dem character des iungen landgrafen glauben schenken, so hätte ein längerer aufenthalt am hofe eines solchen fürsten Walther doch nur erwünscht sein können (A. R. p. 149: *pauperibus largus et benignus, militibus et familiaribus socialis, et iocundus, baronibus et nobilibus venerabilis, principibus et magnatibus spectabilis cunctisque generaliter affabilis*). Allein für den damals wohl noch weltlustigen an glanz und pracht sich erfreuenden dichter mochte hier die welt doch wohl zu ernst angesehen werden; und namentlich wusste die hand des sohnes die wohlbekannte milde des vaters nicht zu üben, wenigstens nicht gegen Walther, der sich in einem mit feiner, geistreicher pointe schliessenden spruche über säumniss beklagt:

mîn iunger hêrre ist milt erkant, man seit mir er si staete:
dar zuo wol gezogen: daz sint gelobter tugende drî:
ob er die vierden tugent willeclichen taete,
sô gienge er ebne und daz er selten missetraete;
waer unsûmic. sûmunge schât dem snit und schât der saete.
85, 20—24.

Verliess nun der dichter wirklich schon anfangs 1217. Thüringen, um sich über Nürnberg an den hof des herzogs Leopold von Oestreich zu begeben (Lachmann, anmerk. zu 84, 20). so kann er allerdings mit bischof Conrad in den iahren 1217. und frühiahr 1218, während welcher zeit derselbe als verweser des bis-

thums Naumburg mehrfach in urkunden erscheint, nicht
zusammengetroffen sein; indess der sichere aufenthalt
Walthers in Thüringen im iahre 1216. lässt ein zusam-
mentreffen beider wenigstens nicht unwahrscheinlich
erscheinen.

Haben wir so darzuthun gesucht, dass unser dichter in der that diese historische persönlichkeit unter
seinem „klôsenaere" gemeint habe, so bleibt uns noch
zum schluss zu untersuchen übrig, ob wir vielleicht dadurch zu einem andern resultate im betreff der abfas-
sungszeit der genannten sprüche kommen möchten.

„Ich sach mit mînen ougen", 9, 16—39, setzt
Lachmann p. 126. in das iahr 1203 [1]), ohne gerade
in den anmerkungen p. 130. 131. zwingende gründe da
für anzugeben. In den beiden betrogenen königen
sieht er Philipp und Otto. Ihm folgt denn auch die
erklärung in Simrocks übersetzung II. p. 136. 137.
Pflichtet man aber unserer annahme bei, nach welcher
unter dem klausner der mönch in Sichem zu verstehen

---

1) Abels ansicht (Haupt: zeitschrift IX, 138), nach welcher das gedicht in das iahr 1198. gehört, erscheint mir
ganz verfehlt und hat nur das für sich, dass es dem tone
nach mit 8, 4—27. und 8, 28—9, 15. übereinstimmt. Allein das gedicht recapitulirt ia einen längern verlauf der
kämpfe zwischen der laien- und der pfaffenpartei und
kann daher nicht in das iahr 1198. fallen, wo dieselben erst
ihren anfang nahmen. Der zweite grund Abels, aus welchem das gedicht unzweifelhaft dem iahre 1198. angehören
soll, weil nämlich der schluss — owê der bâbest ist ze
iunc — auf eine möglichst frühe zeit hinweise, wo man
die bedeutenden eigenschaften Innocenz' III. in Deutschland
noch nicht erkannt hatte, sondern ihn nur nach seinem
für einen papst ungewöhnlichen alter beurtheilte, — fällt
ebenfalls weg, da noch im iahre 1209. oder 1210. der Halberstäder chronist von Innocenz sagen konnte: „... juvenis quidem etate, sed sensu et scientia et in apostolici
juris reformatione super omnes antecessores suos strennus
et maturus".

ist, so fällt die abfassung des gedichts nicht vor 1208, denn so lange war ia Conrad bischof in Halberstad. Da sich nun Walther gerade auf diese stelle in 10, 33. bezieht:

Min alter klôsenaere, von dem ich sô sanc,
dô uns der êrre bâbest alsô sêre twanc —

so müsste man weiter feststellen, wann denn papst Innocenz (der êrre bâbest) die erklärt staufische, antipäpstliche partei vorzugsweise nidergedrückt habe. Offenbar ist dieser zwang gegen staufische anhänger von Innocenz am härtesten nach Philipps tode ausgeübt worden, durch den die national-deutsche partei der römischen kirche gegenüber den empfindlichsten verlust an macht und ansehen erlitt, vgl. Abel, könig Philipp p. 245: „in der weltstadt wie in der welt herrschte ietzt nicht mehr der römische kaiser, sondern der römische bischof". Da wurden ia die gotteshäuser wirklich gestört und in verwirrung gebracht, die staufischen bischöfe waren genöthigt, ihre partei oder ihr bisthum aufzugeben, vgl. Abel, kaiser Otto IV. und Friedrich II. p. 4. Und wie sehr drückte Innocenz die kaiserliche macht erst im folgenden iahre herunter, als Otto IV. am 22. märz zu Speier in einer mit goldener bulle besigelten urkunde alle iene versprechungen widerholte, die er dem papste vor acht iahren in Neuss gemacht hatte! „Mit schwerem herzen mag kanzler Kunrat dieses schriftstück ausgefertigt haben, in welchem mit einem federzug ganz unter- und mittelitalien dem römischen stuhle hingegeben ward bis auf das einzige recht, das wie ein bettlerlappen an einem fürstenmantel noch an Friedrichs und Heinrichs kaiserliches walten erinnerte, das recht, den unterhalt für sich und sein heer aus den betreffenden landschaften zu ziehen, wenn er dem ruf der kirche folgend die romfahrt unternehme"; Abel, kaiser Otto IV. und Friedrich II. p. 35. — Da mochte allerdings Walthers klausner, der ia dem andringen des päpstlichen schützlings weichen musste, gerechten anlass haben, gott sein leid zu klagen. — Was endlich den schluss des ganzen gedichts angeht:

„owê der bâbest ist ze junc: hilf hèrre, diner kristenheit".

so hat schon Lachmann in den anmerkungen p. 131. den ausspruch Alberts von Stade in erinnerung gebracht, der Innocenz „*juvenis Romanus*" nennt. Allein der genannte schriftsteller hat doch wohl sein werk frühstens gegen die mitte des 13. iahrhunderts verfasst (— 1256, vgl. Böhmer, Reg. p. LXIX), so dass die stelle an unmittelbarer bedeutung verliert; viel wichtiger ist der in der anmerkung angeführte ausspruch eines ganz gleichzeitigen schriftstellers, der unsere ansicht über die persönlichkeit des klausners bestätigt. Diese stelle, welche um die iahre 1209. oder 1210. von einem manne geschrieben ist, der mit bischof Conrad in sehr genauem verkehr gestanden haben muss, beweist nämlich, dass man in den staufischen kreisen, welchen der verfasser des Chronicon Halberstadense und sein bischof Conrad, sowie in denen, welchen Walther und sein freund der klausner angehörte, die iugend des papstes (er war 37. iahr alt, als er den päpstlichen stuhl bestieg) gern mit seinen reformatorischen plänen und seinem aggressiven vorgehen gegen die weltliche macht in verbindung brachte. Sollte diese anschauung nicht aus dem unmittelbaren eindrucke, welchen Conrad bei seiner anwesenheit in Rom erhielt, gewonnen worden sein? — Mit berücksichtigung aller dieser umstände weisen wir nun den spruch 9, 16—39. in die iahre 1208—1209.

Nicht viel später setzen wir denn auch die abfassung des spruches:

Swelch herze sich bi disen ziten niht verkêret (34, 24).

Es ist offenbar damit die für einen patrioten, der kirche, papst und geistlichkeit nach idealem gesichtspuncte zu messen liebte, so niderschlagende zeit angedeutet, als Innocenz den iungen Friedrich nach Deutschland sendete und gerade die hohen geistlichen würdenträger seine wahl vorzugsweise betrieben; also die zeit um die mitte des iahres 1211, nachdem kaiser Otto von dem erzbischofe Albert von Magdeburg bereits am 2. februar 1211, mit dem kirchenbanne belegt worden war, und die erzbischöfe von Mainz und Trier mit dem bischofe von Speier sich in einer zusammenkunft bei Coblenz für Friedrich entschieden, vgl. Böhmer, Reg. p. 368, 369; ia wo der papst selbst sich vor den deutschen fürsten wegen der unterstützung, die er Otto hatte angedeihen lassen, damit entschuldigte, dass er zu iener zeit seinen character noch nicht gekannt habe, vgl. Böhmer, Reg. p. 321.

nû seht ir waz der pfaffen were und waz ir lêre si.
ê daz was ir lêre bi den werken reine:
nû sint si aber anders sô gemeine,
daz wirs unrehte würken sehen, unrehte hoeren sagen,
die uns guoter lêre bilde solden tragen.
des mugen wir tumbe leien wol verzagen:
waen aber min guoter klôsenaere klage und sêre weine.

Nur wenig später, nämlich in das iahr 1213, setzt Lachmann 34, 4—23, wodurch unsere ansicht über die persönlichkeit des klausners ebenfalls bestärkt wird. Mit der bekanntmachung der päpstlichen verordnung nämlich, wonach in ieder grössern kirche ein stock unter dreifachem schlüssel eines priesters, eines laien und eines mönches aufgestellt werden sollte, um geldbeiträge zum kreuzzuge zu sammeln, war unser mönch Conrad von Sichem mit dem ehemaligen abte F. von Sichem für die erzdiöcesen Magdeburg und Bremen beauftragt (Böhmer, Reg. p. 322); und 34, 24—33, worin der klausner erscheint, stimmen der form nach durchaus mit 34, 4—23, worin Walther sich ereifert, dass der papst zwei Alemannen unter eine krone gebracht und den stock nach Deutschland gesendet habe.

Der letzte spruch:

min alter klôsenaere, von dem ich sô sane, (10, 33)

wird in den anmerkungen zu Simrocks übersetzung vor den 18. märz 1227, den todestag von Honorius III. gesetzt, da der alte klausner nur in sprüchen vorkomme, die unter Innocenz III. fallen. Da der spruch lediglich eine allgemeine klage über den schlechten einfluss der höhern geistlichkeit auf gotteshäuser und kirchen ausdrückt, so ist es schwer, wenn nicht unmöglich, ihn einem bestimmten iahre zuzuweisen. Unserer ansicht nach fällt er nicht nur vor das iahr 1227, sondern noch vor den 21. iuni 1225, den todestag des mönches von Sichem.

Den „klôsenaere" in 62, 10. wage ich nicht als bestimmte historische person aufzufassen, da „ein klôsenaere" dort nur vergleichungsweise erwähnt wird.

So glauben wir denn allerdings wahrscheinlich gemacht zu haben, dass herr Walther von der Vogelweide unter seinem klausner den mönch Conrad von Sichem gemeint habe. Freilich wissen auch wir sehr wohl, dass unter einem „klôsenaere" zunächst ein „inclusus" zu verstehen ist, und sind daher von anfang an von der stillschweigenden voraussetzung ausgegangen, dass sich Walther hier einer poetischen licenz bedient habe, deren berechtigung man ihm nicht wird absprechen können. Von einer bedeutenden persönlichkeit aus iener zeit nämlich — denn nur auf eine solche kann der ausdruck gehen — die in der that ein einsiedlerisches leben geführt und Walthers parteistellung getheilt habe, ist bis ietzt wenigstens nichts bekannt; und auch Jacob Grimm hat die ursprüngliche bedeutung des wortes „klôsenaere — inclusus" — bei seinen deutungen in der oben angeführten recension zur seite liegen lassen.

Halle, druck der waisenhaus-buchdruckerei.

679586

In dem Verlage der **Buchhandlung des Waisenhauses** in Halle erschienen ferner:

Dreyhaupt, J. C. v., (Chronik) Beschreibung des Saalkreises und aller darinnen befindlichen Städte, Schlösser, Aemter, Rittergüter, adelichen Familien, Kirchen, Klöster, Pfarren und Dörfer, insonderheit der Städte Halle, Neumarkt, Glaucha, Wettin, Löbejün, Cönnern und Alsleben u. s. w. Mit vielen ungedruckten Documenten. 2 Theile. Fol. Mit vielen Kupfern. 1755. Herabgesetzter Preis 3 ℛ. 15 Sgr.

—— Beschreibung des Saalkreises, in einen Auszug gebracht, mit einigen Anmerkungen erläutert und bis auf jetzige Zeiten fortgesetzt von J. F. Stiebritz. 2 Theile. gr. 8. 1772—73. Preis 1 ℛ. 22½ Sgr.

Eckstein, Dr. Fr. Aug., Incerti auctoris Chronicon montis sereni. Ex. cod. Freheriano recensuit. gr. 4. Preis 2 ℛ.

Opel, Dr. J. O., Das Chronicon Montis Sereni kritisch erläutert. gr. 8. geh. 1859. Preis 25 Sgr.

Schade, Dr. Oscar, Paradigmen zur deutschen Grammatik, gothisch, althochdeutsch, mittelhochdeutsch, neuhochdeutsch. gr. 8. geh. 1860. Preis 12 Sgr.

San-Marte (A. Schulz), die Sagen von Merlin. Mit alt-wälschen, bretagnischen, schottischen, italienischen und lateinischen Gedichten und Prophezeihungen Merlins, der Prophetia Merlini des Gottfried von Monmouth, und der vita Merlini, lateinischem Gedichte aus dem dreizehnten Jahrhundert. gr. 8. 1853. Preis 1 ℛ. 25 Sgr.

Unter der Presse befinden sich:

Kramer, G. (Director der Franckeschen Stiftungen), Beiträge zur Geschichte A. H. Francke's aus dem Archive des Waisenhauses. (Enthält auch den reichen Briefwechsel Francke's und Spener's.)

San-Marte (A. Schulz), Parcival-Studien. I. Band: Wolfram von Eschenbach und Guiot von Provins.

Auch unter dem Titel:

Wolfart, Joh. Friedr. (Professor am Domgymnasium zu Magdeburg) und **San-Marte** (A. Schulz), des Guiot von Provins bis jetzt bekannte Dichtungen, altfranzösisch und in deutscher metrischer Uebersetzung mit Einleitung, Anmerkungen und vollständigem erklärenden Wörterbuche.

San-Marte (A. Schulz), Parcival-Studien. II. Band: Ueber das Religiöse in den Werken Wolframs v. Eschenbach und die Bedeutung des heiligen Grals in dessen „Parcival."